機密文書シュレッダー車

会社の秘密や個人情報の書かれた紙を、
目の前で細かく切って紙資源として回収します。

グリップ車

グリップで金属くずなどをつかんで積みこみます。

コンテナ車

蛍光灯や廃家電など、処理施設までのきょりが遠い場
合は、ごみをコンテナに入れて駅や港まで運び、貨物列
車や船にコンテナごとのせて運びます。

圧縮されたごみがたくさん入りま
す。たくさん積めるので積みすぎ
にならないように注意します。

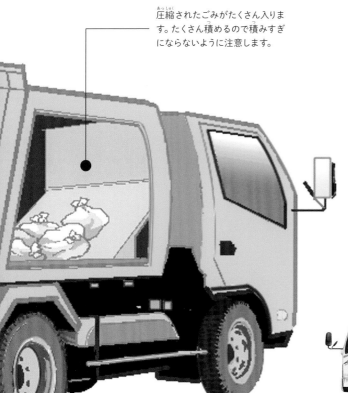

脱着装置つきコンテナ専用車

大量のごみが出る建設現場などに専用のコンテナを設置し、
ごみがいっぱいになったらコンテナごと乗せて運びます。

ごみゼロ大事典

②

社会のごみ

丸谷 一耕
古木 二郎
滝沢 秀一
山村 桃子
上田 祐未 / 共著

少年写真新聞社

はじめに

　「ごみ」と聞くと、みなさんは「いらないもの」「こわれたもの」「きたないもの」と思うかもしれません。でも、「ごみ」はそのようなものなのでしょうか？

　わたしたちの仕事は、「ごみを減らすための調査」をすることです。実際に家庭や会社などから出たごみを分類していくと、ごみとして捨てられるものが、直せば使えるものや、分けることで新しいものに生まれ変わるものなど、ごみがすばらしいリサイクル可能な資源に見えてきて、「もったいない」気分になります。また、ものを使い捨て続けると、限られた地球の資源は、いつかはなくなってしまいます。そうならないためには、将来「ごみをゼロ」にすることを考える必要があります。

　この本を読んでくださったみなさんにも、「ごみ」を正しく知ってもらい、まず自分の身のまわりから、楽しみながら「ごみゼロ」をじっせんしてもらえればうれしいです。

　『ごみゼロ大事典』は3巻セットになっています。

　1巻『家庭のごみ』では、家から出すごみが主役です。燃やすごみ、資源ごみ、燃やさないごみなどを解説し、それぞれの処理方法について紹介しています。法律では、「一般廃棄物」といいます。

　2巻『社会のごみ』では、家以外で出すごみが主役です。家以外とは、スーパー、動物園、学校、工事現場などで、社会のごみには「一般廃棄物」と「産業廃棄物」があります。産業廃棄物は法律で定められた20種類であり、一般廃棄物は「産業廃棄物以外のもの」です。また、ごみをめぐる問題についても紹介します。

　3巻『未来のごみ』では、ごみを減らす仕組みがテーマです。将来、ごみはゼロにできるとわたしたちは考えています。たくさんの人たちが取り組んでいるごみを減らすための仕事や、ごみを減らす優れた仕組みを紹介します。

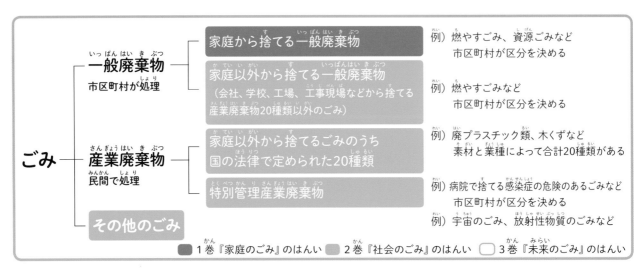

目　次

この本の使い方

人が生活する社会からは、毎日、たくさんのごみが出されています。この本では、ごみの種類や材質、ごみを減らす方法や限られた資源のリサイクルについて、たくさんの写真や図などを使い、わかりやすく紹介しています。この本が、「ごみゼロ」社会をつくるヒントになればと思います。

そのページであつかうごみの種類をアイコンで示しています。

②の内容

②は、家庭のごみ以外の「社会のごみ」についてです。学校、病院、飲食店、工場、農業、工事現場などの産業から出るごみと、不法投棄、災害ごみ、宇宙のごみなどの社会問題について紹介します。産業のごみでは、それぞれの場所からどんなごみが出るのか、どんな問題があるのか、どんな対策があるのかなどを解説します。不法投棄、災害ごみ、宇宙のごみでは、社会問題としてどのようなことが起きているかを解説します。

②で登場するいろいろなごみ

リユース食器でお祭りごみを減らす！

お祭りでは、食べものや飲みものの屋台が並んで楽しいひとときを送れますが、たった数日間で大量のごみが出てしまいます。カップ、トレー、割りばしなど、ほとんどが使い捨てのものが使われているためです。ヨーロッパでは、使い捨てのプラスチック製品を禁止している国もあります。日本でもリユース食器を利用して、ごみを減らす取り組みが行われています。

たくさんの屋台が出る日本のお祭り

こんなにいっぱい、使い捨てのごみ

焼きとりのくし、たこ焼きのトレー、割りばし、スプーン、ジュースのカップ、無料でもらえるうちわ……。お祭りのごみ箱には使い捨てのアイテムがいっぱい集まります。屋台で買ってからごみ箱に捨てるまで、たった数分しか使っていないものが多いのがとくちょうです。空きかんやペットボトルのごみも大量に出ます。

売れ残った冷やしきゅうり

売れ残った金魚はどうなる？

積み上げられたごみ

ごみの中にはたくさんの使い捨て容器が……

Q お祭りを楽しみながら、ごみを減らすためには、どういう工夫が必要だろう？

使い捨てプラスチックを禁止する動き

アメリカのシアトル市やインドのマハーラーシュトラ州では、飲食店でトレーやスプーンなどの使い捨てプラスチック製品を使うことをすでに禁止し、EU（欧州連合）も2021年までに禁止する計画です。日本政府は、2030年までに使い捨てプラスチック製品のごみを、25%減らすだけの目標にとどまっています。

こうした容器はいずれ使えなくなる？

14

お祭りの使い捨て食器

解体した車

病院の注射針

畑に捨てられたナス

建物の解体現場

そのページであつかう仕事や場面でどんなごみが出るのか、どのような問題にどのような対策をしているのかなどを紹介しています。

その仕事で出るごみのリサイクル方法や対策事例を、写真や図などを使って紹介しています。

使い捨て容器をリユース食器へ

リユース食器とは、洗って何度も使える食器です。リユース食器を管理する団体が、イベントの主催者にリユース食器を貸し出し、イベントが終わった後で食器を回収して洗います。イベントのごみを減らす方法として注目されており、お祭りや運動会、スポーツ観戦のスタジアムなどでも利用されています。リユース食器に気づかずにごみ箱に捨ててしまう人もいるので気をつけましょう。

たこ焼きのトレー

焼きそばのトレー

ドリンクボトル

からあげのカップ

これからのお祭り（ごみ）はこうなる？

リユース容器を使う試みが全国で行われていますが、食器が返されないという問題が起こっています。そこで、商品を買ったときに、商品代とは別に1000円を余分にはらいます。出口で食器を返した人に1000円を返します。すると、ほとんどの人は、1000円を返してもらうために食器をもどすという仕組みです。この仕組みをデポジット方式といいます。

リユース食器

グラスで飲もう！

+1000円

ジュースを買うときにグラスの代金ももらう
保証金

グラスは洗ってお店へ

出口

グラスを返却すると返金される

1000円
保証金

「使い捨て」をやめることが、お祭りなどのイベントのごみを減らすポイントになるんだね。お祭りを開催する側と、来場者が一体になって協力しないと、ごみはなくならないね。

京都祇園祭で実施されている「ごみゼロ大作戦」

京都の祇園祭には、毎年約50万人が訪れます。1人あたり平均100g以上のごみを出すので、一度に50トン以上のごみが出ていました。そこで2014年からリユース食器を導入したり、ごみの回収ステーションにボランティアスタッフが立ってお祭りの参加者といっしょに分別したりすることで、燃やすごみを減らしています。

ごみの分別を手伝うボランティアスタッフ

⑮

②では、ごみをゼロにするための社会の仕組みや、ごみを減らす技術、リサイクル方法などを紹介します。社会全体で仕組みをつくると、効果的にごみを減らすことができるからです。この本を読んだ人が、それを知ったうえで、ごみを減らす工夫をしている店を選んだり、ごみが出ないように買いものをしたり、長く使う工夫をするなど、暮らし方を変える方法に気づくとうれしいです。

「考えよう」には、そのページであつかうごみに関係する疑問や、みなさんに自分で調べてほしいことが書かれています。

「なるほど」には、そのページであつかうごみの、大切なポイントなどが書かれています。

この囲みの中はコラムです。そのページであつかうごみについての知見を、より深める話が書かれています。

この本を読むときに注意してほしいこと

この本では、ごみに関する問題点やごみを減らす取り組みを紹介しています。ごみについては、自治体によって考え方がちがっていたり、地域の事情や条件によって取り組む方法がちがったりすることがあるため、この本の内容が絶対に正しいということではありません。また、ごみを減らすことだけを考えて行動すると、地球温暖化や別の汚染を起こしたりする場合もあり、どの方法が良いのかはしっかりと考える必要があります。

社会のごみってなに？

1巻では、家庭から出るごみを紹介しましたが、2巻では、それ以外の会社や工場、学校、工事現場から出る産業のごみと、不法投棄、災害ごみ、宇宙ごみなどの社会問題を紹介します。家庭ごみは、市民が出すごみで、市民が納める税金を使って市区町村が焼却炉やリサイクル施設をつくって処理します。産業のごみの多くをしめる産業廃棄物は、会社や工場などがお金を出して処理をしています。

写真は、会社や工場、学校、工事現場などから出てきた金属スクラップ（金属のごみ）です。ここから、鉄、銅、アルミ、ステンレスなどに分別します。たとえば、たなや電化製品の外側は鉄、電線は銅、窓わくはアルミ、台所の流し台はステンレスという具合に、ものや色、光り方を見て金属の種類を判断します。分別後は、別べつの工場に売られて、そこでとかされて新たな資源に生まれ変わります。

産業廃棄物や不法投棄が多い時代がありました

経済の発展とともに、工場ではたくさんのものがつくられ、工場から出るごみは、どんどん増えていました。わたしたちの生活も、使い捨て商品などの便利なものが多く出回り、たくさんものをつくって、たくさん捨てる社会ができました。また、建設工事の増加とともにそのごみも増え、不法投棄の件数も増え、全国では大規模な不法投棄もありました。しかし、産業廃棄物の量や不法投棄の量は、2000年をピークに減少しています。

工場のごみから出る汚水

考えよう

Q 経済の発展によって、わたしたちの暮らしはどのように変化したのだろう？

リサイクルの仕組みや厳しい罰則ができた

2000年前後から、産業廃棄物や不法投棄を減らすために廃棄物処理法を厳しい内容にしたり、いろいろなリサイクル法をつくって実施（施行*）したりして、正しいごみ処理やリサイクルを進めてきました。2001年に施行された循環型社会形成推進基本法では、まずは、ごみを出さない工夫をすること、ごみを再利用すること、再利用できないときはリサイクルすること、リサイクルできないときにはきちんと処理することという、ごみ処理の順番が決められました。

施行年	法律名（略称）
1971年	廃棄物処理法
1997年	容器包装リサイクル法
2001年	循環型社会形成推進基本法
2001年	資源有効利用促進法
2001年	家電リサイクル法
2001年	食品リサイクル法
2002年	建設リサイクル法
2005年	自動車リサイクル法
2013年	小型家電リサイクル法

廃棄物処理法とさまざまなリサイクル法の施行年

過去の反省を生かして、ごみに対するルールが次つぎに決められたんだね。でも、ルールを守るだけではなく、生活や社会の仕組み自体を見直すことも大切だね。

リサイクルは、100点ではない

2000年以降、いろいろなリサイクル法のおかげで、ごみは減り始めました。しかし、リサイクルにも問題点があります。リサイクルするためには、ごみをくだいたり、とかしたりするため、多くのエネルギーを使います。ですから、リサイクルにたよるのではなく、ごみを出さない工夫をすることがより大切です。使い捨てをやめる、ものを大切に長く使う、ごみが出ないものを選ぶという工夫をしていく必要があります。

*法律が実際に行われるようになること。

スーパーで出される賞味期限切れ食品のごみ

日本のスーパーやコンビニエンスストアには、過じょうに包装された商品が多いといわれます。ヨーロッパやアジアのスーパーや市場では、むき出しの野菜や量り売りしているものが多くあります。さらに、スーパーなどから出るごみは、売れ残りの食品が多く、食品ロスとして問題になっています。そのため、ごみを減らすさまざまな取り組みが始まっています。

包装された商品が並ぶ日本のスーパー

スーパーやコンビニエンスストアでは食品が賞味期限前に捨てられる

消費期限や賞味期限が切れた食品、売れ残った生せん食品、劣化した食品などが捨てられ、食品ロスとなっています。日本のスーパーなどには、食品の賞味期限が残り3分の1になると捨てるという「3分の1ルール*」があります。多くは捨てられていますが、見切り品コーナーを設けて、賞味期限まで販売するという取り組みが増えています。春や秋、ハロウィーン、お正月などの季節限定の商品も、時期がすぎると捨てられることが多くあります。

劣化して捨てられる食品

賞味期限前に捨てられる食品

期限が近づいた食品を
見切り品として販売

季節限定の恵方巻

考えよう

Q 賞味期限や商品入れかえによる食品ロスをなくすにはどうしたらよいのだろう？

賞味期限切れでも食べられる

食品の期限には消費期限と賞味期限があります。消費期限は、安全に食べられる期間です。消費期限をすぎると食べないほうがいいのですが、賞味期限は、おいしく食べられる期間のことですから、賞味期限がすぎても食べることができます。自分の舌と鼻で確かめて、できるだけ食べましょう。

冷蔵庫をわかりやすく整理するのも大事

*たとえば、製造日から6か月後が賞味期限の場合、4か月がすぎた段階で賞味期限まで2か月あるのに捨てるというものです。

「見切り品」ってなんだろう？

スーパーやコンビニエンスストアには、賞味期限が近くなった食品や季節がすぎた食品を、安く販売する見切り品コーナーがあります。最近では、消費期限や賞味期限が間近な食品情報をお客さんにメールやアプリで通知し、食品ロスを減らす仕組みなども出てきました。たとえ見切り品でも安いからといってむだに買うのではなく、食べ切れるかどうかを考えて買いましょう。

賞味期限がせまり、値段が下げられた食品

食品ロスのほかにも、ごみを減らす工夫をしている

必要な量だけを売る、量り売りのシステム

包装を使わずに販売する

店舗による牛乳パックやトレーの回収

AI（人工知能）を活用して食品ロスを減らす

AIを使って食品ロスを減らす工夫が始まっています。AIに気温や天気、過去の販売記録を学習させます。すると、AIがどんな食品がどれくらい売れるかを予測します。店はAIの予測をもとに、売り切れるだけの量を仕入れます。食品ロスが減ることはもちろん、むだな仕入れがなくなり、店の利益にもなっています。

新しい技術を利用してごみを減らす

なるほど

食品ロスを減らすために、スーパーやコンビニエンスストアではいろいろな工夫が行われているんだね。でも、お店だけの問題ではなく、良い取り組みをしている店舗で食品を買うなど、消費するわたしたちも食品ロスへの意識をしっかり持たないといけないね。

マイ食器によるお買いもの

最近では、レジ袋が有料化されてマイバッグを持って買いものに行く人が多くなりましたが、昔は豆腐を買いに行くときに、ボウルを持っていくのが当たり前でした。豆腐屋さんが、ボウルに豆腐を入れてくれました。一部のコンビニエンスストアなどでは、コーヒーのマイボトルやおでんのマイ食器での買いものができます。

世界的に問題になっている食品ロスをどう減らすのか

飲食店から出るごみでは、調理で出る生ごみや食べ残しの生ごみ、使用済みの油が目立ちます。最近では、食品ロスが問題になっており、レストランも食べ残しを出さない工夫を始めています。飲食店からの生ごみは一部でリサイクルの義務が法律で決められているものの、ほとんどが市区町村のクリーンセンターで燃やされています。

食べ残したものはどう処理される？

飲食店から出る、いろいろなごみ

仕入れるときには、段ボールや発ぽうスチロールが出ます。加工済み食材を仕入れるときには、プラスチックの袋も出ます。調理時には調理くずの生ごみが出ます。天ぷらやからあげをつくった後には廃食油が出ます。お客さんの食べ残しの生ごみも出ます。割りばしや紙ナプキン、ストローなどの使い捨てのものもあります。居酒屋などからはびんやかんが出ます。

食材を運ぶ箱

調理くず・食べ残し

廃食油

紙ナプキン、ストローなど

調理に使うプラスチック製の袋や手袋

Q 食べ残しや調理くずを減らすためにはどんな工夫ができるのだろう？

生ごみを出さない飲食店？

野菜の皮にも栄養があります。ニンジンやゴボウは、皮ごとよく洗ってそのまま調理することで、健康にもよく、ごみも出ない取り組みをしている飲食店があります。また、1日100食限定と決めて、毎日売り切れにすることで、つくり置きのロスが出ないように工夫しているお店もあります。

野菜の皮ごと調理するお店

食べ残しを減らす工夫

食品ロスへの意識が高まり、工夫をする店も出てきました。ごはんの量を選べるメニュー表示にしたり、材料やアレルギー表示をして、注文のときに食べられない食材を使わない工夫をしたりしている店もあります。また、ハンバーガー店では、昔はつくり置きしていましたが、今はすぐにつくれる調理方法に変えて、必要な分だけをつくっています。

もったいない食べ残し

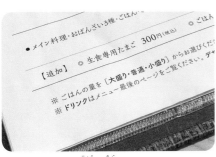

ごはんの量を選べるメニュー

ごはんの量を選べる
（左から大、中、小）

「食べきりに感謝」とテーブルで伝える

廃食油で車が動く？

使用済みの天ぷら油（廃食油）を買い取るリサイクル業者があります。業者は、廃食油から飼料や肥料をつくったり、精製してバイオディーゼル燃料をつくったりしています。この燃料は、軽油の代わりにバスやトラックの燃料として使うことができます。排気ガスからは、天ぷらのいい香りがします。

廃食油で動く車の排気ガスの
においをかいでみる

飲食店では、お店のシステムやメニューの表示などで食べ残しを少なくする工夫がいろいろされているんだね。工夫をしている飲食店を選ぶという、わたしたちの意識を高めることも大事だね。

江戸時代にもあったお持ち帰りの文化

江戸時代、お店で食事を注文してもゆっくり食べる時間がない人は、竹の皮などで残りを包んで持ち帰る「折詰」という文化がありました。食中毒のリスクがあるため、今では減っていますが、食べ切れない料理の持ち帰り用容器を用意するお店は今もあります。食べ残しをしそうなときは、お店に聞いてみましょう。

竹の皮で包んだ折詰

あなたの学校のごみは、どうなっているの？

学校からは、プリントや教材カタログやよごれてリサイクルできない紙などがごみとして出ます。給食からは、食べ残しの生ごみが出ます。成績や、児童や生徒の家のことが書かれた文書は、ほかの人が見ると困るので機密文書として廃棄されています。あなたの学校で、さまざまなごみをどのように分別しているのか、調べてみましょう。まだ使えるのに、捨てている資源が見つかるかもしれません。

このごみ箱のごみはだれが片づけているの？

学校で出るごみを調べてみよう

教室のごみ箱の中は、鼻をかんだティッシュや掃除のごみくらいですが、教室以外からもごみが出ています。印刷室のごみ、ごみ置き場などのごみをどうしているのか、先生や用務員さんに聞いてみましょう。給食のごみでは、牛乳パックや食べ残しのごみが出ます。調理をしている学校では、調理くずが出ます。蛍光灯や机などは、ごみになると産業廃棄物＊として処理されています。

お知らせなどのプリント

工作の紙くずなど

給食の食べ残し

使えなくなった運動用具など

そうじで出たごみ

Q わたしたちが学校で出したごみは、だれが処理してくれているのだろう？

焼却炉ってなに？

昔は、小学校に小さな焼却炉が必ずあり、各学校でごみを燃やすことが当たり前でした。1997年にダイオキシンが社会問題になり、学校の焼却炉でもダイオキシンが発生するおそれがあるため、1997年に使用を中止することになりました。今では、学校で出る燃やすべき一般廃棄物は、市区町村の焼却炉でダイオキシン対策をして燃やしています。

昔はどこの学校にもあった焼却炉

＊一部の市区町村では、一般廃棄物といっしょに処理することを認めている。

学校のごみのゆくえ

あなたの学校ではごみをいくつに分別していますか？ 教室での分別以外に、学校全体として分別しているはずです。蛍光灯や電球などもふくめて調べてみましょう。先生や用務員さんに聞いて、分別したごみが、どこに運ばれるのか、どのように処理されているのか、確認してみましょう。燃やされているごみとリサイクルされているごみの量を調べると、リサイクル率もわかります。

みんな、ごみをきちんと分別している？

教室で出たごみは、先生や用務員さんによってきちんと分別し直される

学校にやってきたごみ収集車

学校から出されたごみが運ばれるクリーンセンター

大切な情報が書かれた文書はどうなるの？

学校の職員室には文書がいっぱいあります。文書には児童や生徒の成績や家庭のことが書かれたものもあります。これらの文書がいらなくなったときには、シュレッダーという機械で細かくしたり、ドロドロにとかす機密文書溶解処理サービスを利用したりして人に中身が見られないようにして処理されています。

シュレッダーで細かくされた文書

なるほど

学校で出したごみは、どこかでだれかが適切に処理してくれているんだね。分別に協力するだけではなく、ごみを出すときにはどのような注意が必要なのか、先生や用務員さんに質問してみよう。

学校内でじゅんかんの輪をつくる

学校からでる生ごみや落ち葉、草かりをした草などをたい肥にしている学校もあります。生ごみや落ち葉と土を混ぜ、1年ほどたてば立派なたい肥になり、畑にまくことができます。生ごみや落ち葉のごみ処理ができて、なおかつたい肥がつくれます。学校内で生ごみ→たい肥→野菜というじゅんかんの輪をつくることができます。

学校内でのたい肥づくり

リユース食器でお祭りごみを減らす！

お祭りでは、食べものや飲みものの屋台が並んで楽しいひとときを送れますが、たった数日間で大量のごみが出てしまいます。カップ、トレー、割りばしなど、ほとんどが使い捨てのものが使われているためです。ヨーロッパでは、使い捨てのプラスチック製品を禁止している国もあります。日本でもリユース食器を利用して、ごみを減らす取り組みが行われています。

たくさんの屋台が出る日本のお祭り

こんなにいっぱい、使い捨てのごみ

焼きとりのくし、たこ焼きのトレー、割りばし、スプーン、ジュースのカップ、無料でもらえるうちわ……。お祭りのごみ箱には使い捨てのアイテムがいっぱい集まります。屋台で買ってからごみ箱に捨てるまで、たった数分しか使っていないものが多いのがとくちょうです。空きかんやペットボトルのごみも大量に出ます。

売れ残った冷やしきゅうり

売れ残った金魚はどうなる？

積み上げられたごみ

ごみの中にはたくさんの使い捨て容器が……

Q お祭りを楽しみながら、ごみを減らすためには、どういう工夫が必要だろう？

使い捨てプラスチックを禁止する動き

アメリカのシアトル市やインドのマハーラーシュトラ州では、飲食店でトレーやスプーンなどの使い捨てプラスチック製品を使うことをすでに禁止し、EU（欧州連合）も2021年までに禁止する計画です。日本政府は、2030年までに使い捨てプラスチック製品のごみを、25％減らすだけの目標にとどまっています。

こうした容器はいずれ使えなくなる？

使い捨て容器をリユース食器へ

リユース食器とは、洗って何度も使える食器です。リユース食器を管理する団体が、イベントの主催者にリユース食器を貸し出し、イベントが終わった後で食器を回収して洗います。イベントのごみを減らす方法として注目されており、お祭りや運動会、スポーツ観戦のスタジアムなどでも利用されています。リユース食器に気づかずにごみ箱に捨ててしまう人もいるので気をつけましょう。

たこ焼きのトレー

焼きそばのトレー

ドリンクボトル

からあげのカップ

これからのお祭り（ごみ）はこうなる？

リユース容器を使う試みが全国で行われていますが、食器が返されないという問題が起こっています。そこで、商品を買ったときに、商品代とは別に1000円を余分にはらいます。出口で食器を返した人に1000円を返します。すると、ほとんどの人は、1000円を返してもらうために食器をもどすという仕組みです。この仕組みをデポジット方式といいます。

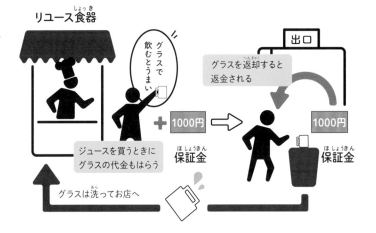
リユース食器

グラスで飲むとうまい

出口

グラスを返却すると返金される

ジュースを買うときにグラスの代金もはらう
+1000円
保証金

⇒

1000円
保証金

グラスは洗ってお店へ

なるほど
「使い捨て」をやめることが、お祭りなどのイベントのごみを減らすポイントになるんだね。お祭りを開催する側と、来場者が一体になって協力しないと、ごみはなくならないね。

京都祇園祭で実施されている「ごみゼロ大作戦」

京都の祇園祭には、毎年約50万人が訪れます。1人あたり平均100g以上のごみを出すので、一度に50トン以上のごみが出ていました。そこで2014年からリユース食器を導入したり、ごみの回収ステーションにボランティアスタッフが立ってお祭りの参加者といっしょに分別したりすることで、燃やすごみを減らしています。

ごみの分別を手伝うボランティアスタッフ

動物園で出るごみってなんだろう？

年間に90万人が訪れるある動物園では、2019年度に344トンのごみが出ました。1日あたりのごみの量は、キリン1頭分（約900kg）もあります。動物園で出るごみでいちばん多いのは、動物のうんちやおしっことしきわらですが、来園者もレストランでの飲食などでごみを出します。植物園と協力して、ゾウのうんちを肥料にリサイクルしてごみを減らすために努力をしている動物園もあります。

動物園のごみを見てみよう

動物園から出るごみの半分以上は、動物舎から取り出すうんちとしきわらです。自然界なら土の上で自然に分解されますが、動物園では袋に入れて一般廃棄物として焼却処理します。次に多いのは来園者が捨てるカップなどの使い捨てのごみです。ステンレス製の食器に切りかえてごみを減らす工夫をしている動物園もあります。落ち葉や剪定枝＊はサルのベッドやリスの止まり木としてリユース（再利用）しています。動物の治りょうで出るごみは病院と同じように特別な管理をします。動物の死体はごみではなく死獣処理センター（動物専用の火葬場）へ送って弔います。

動物の食べ残し

動物のうんち

しきわら

ぬけ落ちたゾウの歯

こわれた調査道具

治りょうなどで使う注射針

飼育用の道具

止まり木や遊ぶための木

落ち葉や剪定枝

事務所やレストランのごみ

考えよう
Q 自然界では、動物たちのうんちやおしっこや食べ残しはごみになる？

＊公園や街路樹、庭木などの樹木を、生育や樹形の管理を目的に切りそろえたときに出る枝の切りくずのこと。

動物園のうんちの量はけたちがい！

人間のうんちは0.2kg程度ですが、大きさや量は動物によってさまざまです。ゾウは20cmくらいのうんちを1日で94kgほども出しますが、同じ草食動物でもキリンは2cmくらいの小さなうんちを1kgほどしか出しません。ゾウはそれだけたくさん食べているのですから、飼育員はたいへんです。

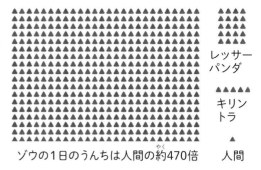

ゾウの1日のうんちは人間の約470倍

レッサーパンダ

キリン
トラ

人間

ゾウのうんちには植物の繊維がたくさん残っており、土に混ぜるとふかふかになるため、肥料（たい肥）をつくって有効利用している動物園があります。動物園の中に畑をつくり、子どもたちが野菜を育てて動物に食べてもらうイベントもあります。

ゾウのうんちでつくったたい肥

動物園から出るごみのゆくえ

動物の食べ残し	一般廃棄物として市区町村のクリーンセンターで焼却処理される。産業廃棄物には「動物のふん尿」という種類があるが、畜産農業に限定されているため、動物園で出るうんちとおしっこは一般廃棄物として処理する。
うんちとおしっこ	
しきわら	
ぬけ落ちた角や牙や歯など	
こわれた調査道具	金属製やプラスチック製のものは産業廃棄物。
治りょうなどで使う注射針	専用の密閉容器に入れ、特別管理産業廃棄物として焼却処理される。
飼育用の道具	金属製やプラスチック製のものは産業廃棄物。
止まり木や遊ぶための木	金属製やプラスチック製のものは産業廃棄物。木製のものは一般廃棄物として市区町村のクリーンセンターで焼却処理される。
落ち葉や剪定枝	市区町村のクリーンセンターで焼却処理されるほか、園内でリユースすることもある。
事務所やレストランのごみ	おもに一般廃棄物として市区町村のクリーンセンターで焼却処理される。

八百屋や植物園と協力してごみを減らす

大きな動物園では年間4500万円もかけて八百屋から野菜や果物を買っていますが、八百屋では売れ残りや野菜くずがごみとして出るため、それを引き取って役立てている動物園もあります。また、植物園から出る剪定枝のごみと動物園でつくる肥料を交換する取り組みもあります。動物園と植物園が協力することでごみが減る、お互いにうれしい工夫です。

植物園の剪定枝を食べるゾウ

自然の中で使い捨て？

海水浴や登山、キャンプなど、自然の中で遊ぶレジャーでは、各地で大きなごみ問題が起きています。日常の遊びではそれほど多くのごみは出ないはずですが、レジャーとなると、なぜ大量のごみが現地に放置されてしまうのでしょう？放置されたごみは、まわりの人に迷わくがかかるだけではなく、環境を汚染し、生きものに悪影響をあたえます。

河原に捨てられたペットボトル

レジャーで使われる道具は使い捨てにされるものが多い

海、山、川、公園などで行われるアウトドア活動や花見では、紙皿、紙コップ、ペットボトルなどの便利な使い捨てグッズが多く利用されています。最近では、焼き肉のあみや鉄板代わりのアルミプレート、バーベキューこんろまで使い捨てのものがあります。使用済みの花火や花見のごみも出ています。

使い捨てされる
バーベキューの食器類

使い捨てのこんろや炭

打ち上げられたり、放置
されたりした花火

花見などに使われた
ブルーシート

風で飛ばされた
ビニール製のボール

Q レジャーでごみを出さないようにするには、どのような工夫が必要だろう？

各地で問題になっているバーベキューのごみ

問題となっているレジャーごみのひとつとして、海や河原などで行われるバーベキューのごみがあります。道具や食材をきちんと計画して使えばごみは出ないはずですが、多くの場合、手軽な使い捨て商品などが使われ、そのまま捨てられてしまうことがあります。こうした状きょうから、バーベキューを禁止する動きが全国的に増えています。

マナーの悪いバーベキューのごみ

レジャーでごみを出さないためにはどうすればいいの？

レジャーごみを減らすためには、きちんと計画を立てることが大切です。アウトドアの遊びに慣れている人や多くの登山者などは、出発前に道具や食材を計算しています。それは行動中になるべくごみを出したくないからです。また、一度きりではなく何度も使える道具を購入することも重要です。最近では、ごみを出さないことを手助けしてくれる道具も売られています。

道具や食材がきちんと整理されたピクニックバスケット

持ち運びしやすいリユース食器

花火やバーベキューのごみをまとめるのに便利な火消しつぼ

持ち運びに便利なレジャーシート

なんでも持ち帰れる折りたたみ式ごみ箱

レジャーで遊んだあとに出たごみは、かさばり、においもあるため、「持ち歩きたくない」「家に持って帰りたくない」という気持ちにつながってしまいます。そんなときに便利な道具が、密ぷう式の折りたたみごみ箱です。使用したあとは洗って何度も利用できるため、使い終わった食器などを入れるのにもとても便利です。

便利な折りたたみ式ごみ箱

なるほど

自分の家では使わないようなものを、野外だからといって使って捨ててしまうのはおかしいよね。野外で遊ぶときも、長く大切にできる道具を使うことはとてもいいアイデアだね。

足あとを残さない？

ごみを残すだけではなく、野外で人間が活動することは、なにかしら自然にダメージをあたえます。そのため、本格的なアウトドア活動の世界では、Leave No Trace（自分がいたあとを残さない）という考え方があります。ごみを出さない準備をして、出したごみは持ち帰る。それ以外にも、火を起こしたり、トイレに行ったり、食器を洗ったりするときに、自分の行動が自然にどのような影響をあたえているのかを考えて、影響を最小限にして行動するのも大切なことです。

つくったのに捨てられてしまう農業のごみ

小さすぎる野菜や大きすぎる野菜、形の悪い野菜は出荷できずに畑に放置されます。ビニルハウスなどのプラスチック資材は、使っていると光に当たってもろくなってくるため、ごみになっています。農業機械も使えなくなるとごみになります。技術革新で農業用プラスチックを長持ちさせたり、プラスチックではない素材を利用したりすることも始まっています。

とれすぎたため、生産調整で捨てられたナス

農業で出る、いろいろなごみ

昔、農業からごみはひとつも出ませんでした。食べられない葉っぱなどは畑の肥料に利用していたからです。し尿も貴重な肥料として利用され、し尿処理の場にもなっていました。今の野菜は、プラスチックのマルチ（マルチフィルム）やビニルハウス、機械など、さまざまなものを使って、大量生産をしているため、ごみもたくさん出ています。つくっても規格外という理由で出荷できず、畑に捨てられる野菜もあります。

ビニルハウス

マルチ
（雑草を防ぐためのシート）

使えなくなった農業機械

肥料袋や農薬の容器

出荷されない作物
（虫食いのあるルッコラ）

考えよう

Q せっかく育てたのに、なぜ出荷されない作物が出てしまうのだろう？

食べられるのに捨ててしまう？

スーパーに野菜を並べるときに形や大きさがそろっているときれいに見えるので、お客さんは喜びます。大きすぎたり曲がっていたりすると、食べられるのに買ってくれません。わたしが農家で働いていたとき、収かくした野菜は規格外が多く、半分以上出荷できない野菜もありました。豊作のときも価格が下がりすぎて出荷できません。

形や大きさがふぞろいの野菜

進歩する農業の資材

農業のごみで多いのは、ビニルハウスや畑にはられたマルチなどのプラスチックごみですが、1997年をピークに減っています。技術が進歩して素材を長持ちするようにした効果だと考えられています。最近では、5か月ほどで土にかん元される生分解性プラスチックや紙などのプラスチック以外のマルチも開発され、今は高価ですが、ふきゅうして安くなることが期待されています。

ごみを減らす努力を続ける農園

土にかん元される紙製のマルチ

土にかん元される
生分解性プラスチック製のマルチ

長持ちする素材のビニルハウス

規格外の野菜を食べてみよう

農家の直売所や道の駅では、農業協同組合や市場を通さずに農家が直接野菜を持ちこむため、スーパーでは売っていない規格外の野菜などを売っています。ふつうはダイコンやニンジンの葉は畑で切り捨てられていますが、葉つきで売っていることもあります。サツマイモのくきなどもあります。いためものにすると絶品です。

サツマイモのくきのいためもの

「もったいない」を減らすためには、生産者だけではなくて、消費するわたしたちも協力する気持ちが大切だね。曲がったきゅうりでも、味や栄養は変わらないよね。

いなわらは最高のリユース素材なのに……

かつていなわらは、牛のえさ、なわ、わらじ、土かべの材料などに利用されてきました。現在は収かくするときに機械で細かく切って田んぼにすきこんだり、焼却したりしている農家が大多数です。一部は肥料の成分として役に立っていますが、多くは分解されてガスになっています。

いなわらで編んだなわで干しがきをつるす

電車や飛行機で移動するときもごみが出る

駅や空港は、旅行のために多くの人が集まる場所です。そこでごはんを食べたり、待ち時間に新聞を読んだりしたものがごみになります。ごみ箱にごみを捨てるので構内はきれいですが、分別ができていなかったり、旅行に関係ないごみが捨てられたりする問題もあります。みんなが気持ちよく旅行をする方法を考えてみましょう。

多くの人が利用する電車

鉄道産業や航空産業のごみを見てみよう

駅や空港のごみでもっとも多いのは、お客さんの出した燃やすごみ、新聞、雑誌、びん、ペットボトルです。忘れものは約3か月間保管されますが、その後は売られ、業者によって売れないと判断されたものは、ごみとなります。使用済みの切っぷはICカードに代わってきていて、年ねん量が減っています。

鉄道車両

レールやまくら木

切っぷ

利用者が出すごみ

忘れもの

飛行機の機体

機内からごみを運び出す

預けた荷物のタグごみ

機内から出るごみ
（飲食容器・トレー）

空港でもたくさんのごみが出る

駅に持ちこまれる家庭ごみ

駅で家庭ごみを捨てるというマナー違反を見かけます。家庭では市区町村の分別をしなければならなかったり、ごみを出す時間が決まっていたりするため、めんどうな人が、電車に乗るときに捨てているようです。たとえ駅のごみ箱であっても、これは不法投棄です。5年以下の懲役もしくは1000万円以下の罰金になります。

あふれた駅のごみ箱

鉄道産業や航空産業から出るごみのゆくえ

部品	処理方法
鉄道車両	鉄道車両の寿命は長くて80年くらい使われているものもある。海外に中古で売られることもあるが、最後はスクラップとして金属リサイクル。
レール	鉄としてリサイクル。昔は古いレールで駅舎やホームの屋根をつくることもあった。
しき石	新幹線のしき石は選別したあと、在来線のしき石として再利用される場合もある。
まくら木	リサイクル業者に引きわたされて燃料チップにリサイクル。
切っぷ	切っぷには小さな磁石がついているためリサイクルは難しく、多くは焼却処理。
忘れもの	数日間駅や空港で保管されたあと、3か月間警察で保管され、業者に売られる。
飛行機の機体	多くは中古で売られるが、アメリカの工場で解体後、金属リサイクル。

空港や駅のごみ箱はいらなくなる？

アメリカのサンフランシスコ国際空港では、2021年までにごみゼロを目指しています。ほかにも、飛行機の中で出るコップや食器をリサイクルできる素材に変えた航空会社や、機内のごみゼロを目指した便もあります。ドイツの駅では、使い捨て容器で飲みものを買うとコップ代をはらわなければならない店が増えてきました。会社と乗客の両方がごみを減らす工夫をしています。

将来はごみ箱がなくなる？

鉄道・航空業界では、積極的にごみゼロに取り組む動きがあるようだけれど、電車や飛行機だけではなく、ターミナルとなる駅や空港、利用するわたしたちとの連けいがなければごみを減らすことはできないね。

最後のフライトは自ら解体工場へ

アメリカのモハベ空港は、世界中から古い飛行機が集まる「飛行機の墓場」と呼ばれています。中古として売れなかった飛行機は解体され、再生部品を販売します。それ以外の大部分が金属として、リサイクルされます。最近の飛行機はカーボン素材でつくられていて、リサイクルができないので埋め立てられます。

役目が終わった飛行機

リサイクル化が進む自動車産業

自動車はわたしたちの生活に身近な存在で、その証拠に全国で使っている乗用車やトラックなどの四輪車は全部で7814万台（2019年度）、新車は年間520万台も販売され、タイヤのごみは年間9600万本も発生しています（2019年）。一方で2005年に施行された自動車リサイクル法を機に不法投棄は激減し、リサイクル率は高くなりました。

リサイクル化が進む自動車整備工場

自動車からはどんなごみが出るのだろう

自動車は700〜2000kgくらいの重さで、約7割は鉄（ドアなど）、約1割は非鉄金属*1（配線など）、約1割はプラスチック（シートなど）、残りはタイヤのゴム、窓のガラスなどで構成されています。不要になった自動車を解体するときには、まずリユースできる部品や、ばく発の危険があるガソリンやオイル、エアバッグ、温暖化を引き起こすフロンを取り出します。

シート（プラスチック）　窓（ガラス）　タイヤ（合成ゴム）

配線（銅）　ボディー（鉄）　エンジン（鉄）

エアバッグ（金属、プラスチック）　エアコン（アルミ、銅、フロン）

> **Q 自動車の利用をなるべく少なくするためには、どういう工夫がいるのだろう？**
> 考えよう

ガラスは自動車リサイクルの困り者

車1台に5〜10kg使われているガラスは、石が飛んできても割れないようにガラス以外の素材も使っているため、分別やリサイクルが難しい部品です。埋立処理をすることが多く、自動車の解体作業で最後に残る「シュレッダーダスト」*2になりやすい、リサイクル100%をはばむやっかいな素材です。

フロントガラス

*1鉄以外の金属のことで、アルミや銅、ステンレス、金、銀などがある。　*2シュレッダーダストはAutomobile Shredder ResidueをりゃくしてASRとも呼ばれ、直やくすると「自動車をくだいた後の残りもの」という意味になる。プラスチックがもっとも多い。

自動車リサイクル99%までの道のりと真実

車を買うとき、先にリサイクル料金[*3]もはらいます。この制度ができる前はリサイクル費用を支はらいたくない人による不法投棄が22万台あったとも推定[*4]されています。車を解体するとき、部品のリユースや金属などのマテリアルリサイクル（物から物への再利用）は8割以上できていますが、「リサイクル率99%」にはプラスチックなどの熱利用もふくまれています。

解体工場でガソリンをぬく作業

自動車から出るごみのゆくえ

部品	素材	処理方法
ボディー（外わく）	鉄	製鉄工場が鉄としてリサイクル。
ホイール	アルミ	アルミニウム工場がアルミとしてリサイクル。
タイヤ（乗用車）	合成ゴム	タイヤリサイクル業者が細かくカットし、石炭に代わる燃料に。
タイヤ（トラック）	天然ゴム	タイヤリサイクル業者が細かくカットし、陸上競技のトラックなどにリサイクル。
バッテリー	鉛など	鉛は貴重なので鉛リサイクル工場でリサイクル。
シート	プラスチック	シュレッダーダストとして残り、処理業者が燃料に加工する。
窓	ガラス	ガラス以外の素材が使われているため分離やリサイクルが難しく、埋立処理が多い。
エアバッグ	金属 プラスチック	専用の処理施設で安全に処理した後、ガスを噴射する金属製の装置とバッグ部分のプラスチックをそれぞれリサイクル。
エアコンのフロン	フロン	解体工場の機械でフロンを回収し、焼却炉などで処理。
エンジンオイル	油	解体工場でぬき取り、専用の処理施設で再生重油という燃料に加工。

なるほど　現代の自動車産業では、環境や資源への影響を考えて、あらゆる部品がリサイクルできるようになっているんだね。でも、限りある資源を使ってつくられるものだから、1台の自動車を大切に乗ったり、自動車にたよらない生活を工夫したりしてみることも大事だね。

長く大切に乗り続けよう

車の解体工場では、リサイクルだけではなくリユースもしています。解体する車からまだ使える中古の部品を取り出して販売しています。ミラー、ヘッドライト、ドア、エンジンなど、あらゆる部品が交換できるので、1台の車を長く大切に使うことができます。中古の部品は海外にも輸出されて利用されています。

販売される中古の部品

[*3]リサイクル料金はおよそ6000円～1万8000円（2020年現在）。
[*4]環境省の資料より。

特別な管理が必要な病院のごみ

病院では、治りょうに使った注射器の針や血のついたガーゼなどを捨てますが、これらは細菌やウイルスがほかの人に感染するおそれがあるために特別な管理が必要です。感染のおそれがあるごみは、専門業者に引きわたして焼却し、無害化します。それ以外のごみも、リサイクルが難しいものが多くあります。

病院のごみ

病院ではどんなごみが出るのだろう

わたしたちは、けがや病気をすると病院に行って治りょうをしてもらいます。検査では注射針や血のついたガーゼを捨てます。手術ではメスや手術服を捨てます。治りょうによっては、放射性物質がついたごみが出ます。カルテなどの機密文書も捨てます。大きな病院では、数百人分の入院患者の食事を調理して生ごみも出ます。なかでも多いのは患者のおむつのごみです。

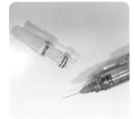

注射針

シュレッダーで細かく切られたカルテなどの文書

手術服

大人用のおむつは大きい

検尿用の紙コップ

考えよう
Q 病院で出るごみをそのまま捨ててしまったらどんな問題が起きるのだろう?

分別に使われるバイオハザードマーク

血がついたごみには細菌やウイルスなどの病原体がついている可能性があるため危険です。ごみを収集する人に注射針がささって、病気に感染する危険もあります。このようなごみを、感染性廃棄物といいます。だれが見てもわかるように、感染性廃棄物の保管容器にはバイオハザードマークをつけています。

3種類のバイオハザードマーク

病院のごみは取りあつかい注意

注射針や手術で使ったメスなどは、一度閉めると開かない専用の箱で処理施設まで運びます。患者の病気は、カルテという文書に記録します。カルテは、5年間保管しますが、その後は、シュレッダーで細かく切るか、機密文書溶解処理サービスを利用して処理します。

右側にあるのが、一度閉めると開かない専用の箱

病院から出るごみのゆくえ

血液がついていないおむつやガーゼ	一般廃棄物として市区町村のクリーンセンターで焼却処理。
注射針	鋭利な感染性廃棄物として専用の箱で保管し、民間の処理業者で焼却処理。
その他の医療器具	産業廃棄物として民間の処理業者で処理。
血液、体液	液体の感染性廃棄物も専用の箱で保管し、民間の処理業者で焼却処理。
血液がついた手術服やマスク	感染性廃棄物として専用の箱で保管し、民間の処理業者で焼却処理。
カルテなどの文書	機密文書専門のサービスを利用して古紙にリサイクル。
医薬品	医薬品会社に返品するか、産業廃棄物として焼却処理。
レントゲン機器類	専門業者に引きわたし、放射性物質を出す部分は日本アイソトープ協会で管理。機器の大部分は金属としてリサイクル。
医療食の食べ残し	一般廃棄物として市区町村のクリーンセンターで焼却処理。

家庭で使うガーゼやおむつも、病院で使ったときに血や体液がつくと特別な処理が必要になるんだね。病院では患者の個人情報なども多いから、あらゆるものが慎重にあつかわれているね。

全国の放射性廃棄物は1か所に集められる

病院では、検査や治りょうで放射性物質を使うことがあります。放射性物質を使うとがんなどの悪い細胞を除去できますが、人体にも有害です。放射性物質を入れた容器などを捨てるときは、ドラムかんに入れて公益社団法人日本アイソトープ協会に送り、処分する業者に引きわたすまで貯蔵しています。

放射性廃棄物のあつかいは厳重
提供：日本アイソトープ協会

てってい的にごみを減らすようになった日本の工場

工場では、プラスチック製品、金属製品、衣服などの繊維製品、化学薬品など、いろいろなものをつくっています。モノづくりをするとごみが出てきます。昔は法律がしっかりしておらず、焼却処分が中心で不法投棄が多かったのですが、今ではごみの処分について厳しい法律があり、ごみの処理費用が高くなったため、てっていした分別が行われています。

金属加工工場

工場から出る、いろいろなごみ

部品をつくる場合、材料から切りぬいたり、材料をけずったり、材料をとかして型に流しこんで固めたりします。このときに、切りぬいたくずや、けずりかす、流しこんだ材料のあまりなどが、ごみとなります。梱包資材のごみも多く出ます。ほこりが入らないようにするためにまいたフィルムや、こわれないようにするかんしょう材、輸送のためのパレットもごみになります。製造に失敗した不良品もごみです。

金属工場から出る鉄くず

金属成形時の型砂

プラスチック生産時のごみ

化学工場から出る廃液

フォークリフトの運搬で使うパレット

考えよう
Q 工場から出るごみには、どんな注意が必要になるのだろう？

工場のごみが引き起こした大きな問題

明治時代に起きた足尾銅山鉱毒事件は、山から銅を取り出していた鉱山の会社が放置したごみから有害な物質がとけ出し、川を伝って下流の農地を汚染したり、銅工場が出した有害なけむりが周辺の山の木をすべて枯らしたりしました。被害が発生してから、会社が過ちを認めるまで100年近くもかかりました。

足尾銅山の工場

てってい的に減らされる工場のごみ

今の工場は、ごみを減らす努力をてっていしています。ごみ処理費用は、2トントラック1台3万円～20万円もするからです。材料を使い切る工夫をして材料費を節約しています。分別もお金の節約になります。プラスチックと金属と紙が混ざっているごみの処理費用はとても高いのですが、プラスチック、金属、紙を分別すると、リサイクル業者に売ることができます。

分別が不十分なごみは、ごみ処理費用が高い

むだが出ないように材料を使う

工場のごみの分別場所

段ボール箱の代わりに何度もくり返し使う「通い箱」

分別したごみが混ざらないようにする工夫

ふだんは出ないごみが出ると、どこに分別したらよいのかわかりにくい場合があります。わからない場合に無理やり分別し、まちがったごみ箱に入れるとせっかくの分別が台なしになります。それを防ぐために「分別がわからない」もののごみ箱や置き場をつくっている工場もあります。あとで、わかる人がちゃんと分別をします。

分別がわからないもののごみ箱

なるほど

出したごみをどう減らすのかは重要なことだけれど、製品をつくる前にもいろいろなごみを少なくする工夫がされているんだね。製造コストも減らすことができて一石二鳥だね。

工場から出たフィルムを加工して工場で利用

ある工場では、プラスチックフィルムがごみとして出ていました。また、製品の下じきに木を使っていましたが、数か月でくさってしまうという課題がありました。そこで、加工業者にたのんでプラスチックフィルムをとかして擬木＊をつくり、その擬木を製品の下じきに活用し、ごみを減らしました。

木の代わりに使うプラスチック製の擬木

＊プラスチックやコンクリートなどの別の素材で木材に見えるように加工したもの。木材の代わりに使うことで木材の消費量を節約できる。

発電所で出されるごみ

発電所には、火力発電所、水力発電所、原子力発電所、太陽光発電所、風力発電所、バイオマス発電所*などがあります。このうち、水力発電、太陽光発電、風力発電、バイオマス発電からつくられるエネルギーを自然エネルギーといい、これらの発電方法は環境にやさしい（悪影響の少ない）とされていますが、ごみは出ます。

火力発電所

発電の方法によって使う資源とごみは変わる

石炭火力発電所や木材チップを燃やす火力発電所からは、灰や、すす（ばいじん）が出ます。水力発電所では、ダムにたまる流木などがごみになります。原子力発電所の使用済み核燃料は、処理時に放射性廃棄物が出ます。風力発電所や太陽光発電所、バイオマス発電所もこわれるとごみになってしまいますが、風力と太陽光は発電によるごみは出ません。また、バイオガス発電では、出てくる廃液をうまく肥料にするとごみを出しません。

火力発電所で使われる石炭のかす

水力発電所（ダム）に流れ着いた流木や生活ごみ

使用済み核燃料を交換する機械

風力発電所の風車にしょうとつしたオジロワシ

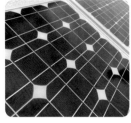
太陽光発電で使うソーラーパネル

Q 自分たちが使っているエネルギーは、どの発電所で発電されたものだろう?

ごみで発電する?

市区町村のクリーンセンター（焼却場）では、ごみを燃やした熱を利用して発電しているところもあり、ごみ発電と呼んでいます。また、生ごみやし尿、家畜のふん尿などを発酵させてガスをつくり、ガスで発電するバイオガス発電もあります。

ごみを燃やして発電する焼却場

バイオガス発電プラント

*バイオマス発電所には、木材チップを燃やす木質発電（木質バイオマス発電）や生ごみや家畜のふんを発酵させて出てきたガスを燃やすバイオガス発電などがある。

発電所のごみのゆくえ

石炭火力発電所から出る灰は、セメントの原料に使われています。一部は、韓国などに輸出されています。水力発電所の流木はリサイクル業者でチップ化され、木質バイオマス発電所が燃料として使っています。原子力発電所の使用済み核燃料は、人体に悪影響があるため、特別に管理されています。風力発電所や太陽光発電所は、こわれたとき以外にごみは出ません。

石炭火力発電所で出た灰は、セメントなどにリサイクルされる

水力発電所（ダム）に集まった流木は木材チップになり、木質バイオマス発電などの燃料になる

原子力発電所の使用済み核燃料は、リサイクルがうまく進んでいない。最終処分場所も決まっていない

大型台風などで風力発電機がこわれるとごみになるが、通常はごみが出ない

太陽光発電所では、通常ごみは出ないが、こわれた後のリサイクルや処理方法を考える必要がある

あともう一歩の自然エネルギー

風力発電や太陽光発電は、風があるときや太陽が出ているときに電気を発電しますが、風がないときや夜間は発電しない気まぐれな発電だという問題があります。しかしここ数年、蓄電技術が急激に進歩して、安くて良い蓄電池ができています。蓄電池と組み合わせると電気をためたり使ったりできるので、安定して電気が使えます。

田んぼの上で太陽光発電

自然の力による発電はごみをほとんど出さないんだね。でも、わたしたちが便利な暮らしを求める以上、自然の力をはるかにこえたエネルギーが必要になるということだね。

電気をめぐるほかの問題

火力発電所からは、ごみ以外にえんとつから二酸化炭素が出ます。これは、地球温暖化の最大の原因になっています。また、原子力発電所から出る放射性廃棄物は、最終処分場所が決まっていない問題もあります。家で電気を使ってもごみは見えませんが、発電するためにごみや二酸化炭素を出しています。

発電するとごみも出る

わたしたちの生活を支える配管や配線のごみ

電気、水道、ガス、電話など、わたしたちの生活に欠かせないライフラインには、管や電線が多く使われています。配管や電線がこわれると、電気や水道、ガスなどが止まったりもれたりして危険なうえに、年月がたつともろくなっていきます。そのため、定期的に交換したり、長持ちする素材を使ったりするなどの工夫がされています。

料理でガスや電気を使う

電気やガスを運ぶさまざまな配管や配線

電線は銅でできていますが、銅線にふれると感電して危険なため、塩化ビニルというプラスチックをまいています。台所やふろ場につながっている水道管の多くは、塩化ビニル製の管です。昔は鉄管が多かったため、水道を最初にひねったときに、さびが出ることがありました。ガス管は金属管が多いのですが、最近では、ポリエチレンというプラスチックの管にかわってきています。

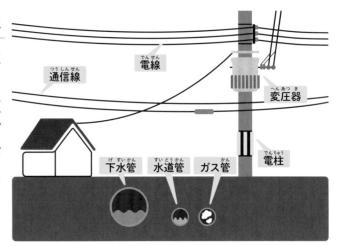

通信線　電線　変圧器　下水管　水道管　ガス管　電柱

Q 長い間、地中に埋める配管や配線には、どのようなことが求められるのだろう？

古くなった水道管は地球2周分

都市では上水道や下水道が行きわたっていますが、すでに耐久年数をこえた水道管が地球2周分、下水道管では4周分あり、古い状態で使われています。時どき、水道管の破損事故なども起きています。今後、それだけの管をすべて取りかえていく必要があります。古い管を地中に置いたまま、ほり出さない時代もありましたが、今はほり出して適正に処理しています。

水道管工事のようす

進歩する配管や配線

電線や配管にも、環境を考えた製品が増えています。電線を包むものに添加剤*をふくまない、エコ電線が売られています。水道管は塩化ビニル管が主流ですが、ポリエチレン管が多くなってきました。ポリエチレン管の耐久年数は100年で塩化ビニル管の2倍長持ちします。ガス管は金属製ですが、地震に弱いため、ポリエチレン管にかわってきています。のび縮みするため、地震でもこわれずに長持ちします。

地中にはいろいろな配管や配線が埋まっている

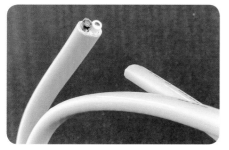

エコ電線

ポリエチレン製の水道管

ポリエチレン製のガス管

塩化ビニルはじょうぶでリサイクルしやすい

電線や水道管にまいてあるものの多くは塩化ビニルでできています。塩化ビニルは、焼却時にダイオキシンが出る一因だといわれていますが、雨や光に当たってももろくなりにくいという性質があり、長持ちします。また、リサイクルしやすい素材で電線の銅と分けてリサイクルされています。

水道管（左）と電線にまくもの（右）。どちらも塩化ビニル製

風雨にさらされる電線や、地中に埋められる水道管やガス管にはさまざまな工夫がされているんだね。でも、使い終わった水道管や配線はどうなるのかな？

塩化ビニルの水道管の旅

日本の使用済みの水道管が海外に売られているため、その先がどうなっているのか調査をしたことがあります。くだかれた水道管は、日本から船でアジアに輸出され、最後はソファーの合成皮革などに加工されていました。それらはアジアから日本にも輸出されています。水道管は知らないうちに、わたしたちの家に帰ってきているのかもしれません。

日本から輸入した水道管（台湾）

*燃えにくくしたり、光が当たってももろくなりにくくするために混ぜているもの。

道路工事で出るごみは、全部リサイクルするってほんと？

アスファルトでおおわれている道路は、自動車が走ることで、長い時間をかけて穴ができたり、ひびが入ったりするので、修理のための工事が必要です。工事ではアスファルトやその下の石などを取り出して、新しいアスファルトをかぶせます。このときに、ほり出したアスファルトや石は、次の工事用の材料として再生工場に運ばれます。

道路工事のようす

道路はどんな材料でできているの？

かつて道路の大部分は砂利道でしたが、自動車のふきゅうと同時に、1960年代からアスファルトのほそう化が一気に進みました。道路のつくりをみると、いちばん上にアスファルトがあり、その下に砕石（くだいた石）の層、さらに下に土の層があります。道路を工事するときは古くなったアスファルトや砕石を取り除いて、新しいアスファルトを固め直します。道路の地下には水道管やガス管、電線、電話線も通っているので、道路の工事だけではなく、その修理をするときにも、道路をほって工事をします。

道路の断面図

Q 道路をほそうする材料には、どんな性質が求められるのだろう？

アスファルトってなに？

アスファルトとは、石油からガソリンなどの製品を取り出した残りです。道路に使われているアスファルトは正式には「アスファルト合材」と呼ばれ、アスファルトに石と砂を混ぜたものです。アスファルトは温めると液体になり、常温では固体になるので、石や砂の接着剤の役割をします。

液体のアスファルト

道路工事で出たごみは再利用される

道路工事で出た古いアスファルトは、専門のリサイクル業者に運んで細かくくだき、新しいアスファルトを混ぜて熱してとかします。温かいうちにトラックで工事現場まで運び、道路上で冷えて固まると、新しいほそうの完成です。砕石はふるいで大きさをそろえ、再び砕石として利用します。アスファルトやコンクリートをくだいたものも、再生砕石として利用されます。土砂は法律上、ほかのごみや有害物質が混ざっていなければ廃棄物にはならず、山にかえしても、なにかに使ってもよいとされています。こうして道路工事で出るごみは、すべて再利用されています。

古いアスファルトをはがす作業

工事現場に運ぶアスファルト合材

アスファルトで道路をほそう

ビル解体で出たコンクリートを道路に再利用

道路工事には、ビル解体で出たコンクリートを再利用することもあります。ビルを解体したときに出るコンクリートがらを細かくくだいたものを再生砕石といい、道路工事などで石のかわりに使います。

ビル解体で出たコンクリートがら

再生砕石

道路の工事では、ごみがほとんどリサイクルされているんだね。でも、新しく道路をつくるときには資源を使うだけではなく、環境への影響もあるから、その道路が本当に必要かをよく考えることも大切だね。

道路を支える新たな資源

色つきのびんのカレット（1巻29ページ参照）が、アスファルトに混ぜこむ石の代わりとして利用され、キラキラ光ることで夜間の事故防止に役立っています。燃やすごみの焼却灰をとかしたスラグ（1巻11ページ参照）も、砂の代わりに使用されて天然砂の節約に役立っています。

色つきのびんのカレット

建物解体のごみは、ほとんどが再利用される?

新しい家やビルを建てるときに、古い建物をこわすことを解体といいます。解体すると、木くずやがれきなどのいろいろなごみが出ますが、建設リサイクル法をきっかけに今では多くがリサイクルされています。とはいえ、日本では古い家はこわして新しい家に住むことが好まれるので、いい家に長く住むという選択も増やしたいものです。

校舎の解体

建物を解体すると、どんなごみが出るのだろう

木造住宅の解体では、かわら、窓ガラス、木の柱、畳、アルミのサッシ(窓わく)などがごみとして出ます。ビルの解体では、コンクリートのかべや鉄筋などが出ます。昔は木を使っていたかべやそのうら側には、今では石こうボードやかべ紙、断熱材などを使うため、ごみの種類は増えました。

電線
屋根(かわら)
柱
床のシート
庭の石

解体される木造家屋

窓わく
窓ガラス
かべ(石こうボード)
ふろ
照明器具

機械による解体から手作業の解体へ

昔は大きな重機で建物を細かくこわし、ダンプカーにごみを積んでいました(ミンチ解体)。
しかし、これではリサイクルができないため、今ではかわらやガラス、蛍光灯などを手で外して素材別に分別してから、最後に機械で解体しています。

昔　今

重機によるミンチ解体

重機と手作業による分別解体

建物解体から出るごみのゆくえ

部品	処理方法
屋根	かわら、アルミ合金、スレートなど、屋根の素材ごとに分別する。
柱・はり	丸太からつくった木は紙や合板の原料チップに、集成材*1は燃料用チップにリサイクル。
鉄筋	鉄筋はコンクリートの中にあるのでコンクリートをくだき、鉄筋を取り出して金属リサイクル。
かべ	かべは木や石こうボード、かべ紙からできているため、現場で素材ごとに分別する。
電線	電線は柱についているため、手や機械ではぎ取り、金属リサイクル。
アスベスト*2	建物に使われているかを調べ、使われていれば解体する前に防護服を着た作業員がすべて取り除く。焼却処理か地中に埋めるしかない。
かべやへい	コンクリートをこわして細かくくだき、石（再生砕石）にリサイクル。
窓と窓わく	ガラス（窓）とアルミ（わく）に分けて、それぞれリサイクル。
トイレ	とう器でできているため専門業者が細かくくだき、石（再生砕石）にリサイクル。

日本の住宅は寿命が短い？

住宅の平均寿命は日本で27年、アメリカでは67年、イギリスでは81年*3ともいわれています。欧米では、何世代も住み続けることが当たり前です。日本の家は木造が多く、アメリカやイギリスの家にはレンガ造りが多いことも理由のひとつですが、木造で1000年以上も長持ちしている建物もあります。日本では、新しい家に住みたいと思う人が多いのかもしれません。

長く受けつがれているイギリスの家

なるほど　建物解体のごみはほとんどが再利用されるんだね。でも、リサイクルにたよる前に、手入れをしながら大切に住み続けられる建物にすることを考えていくのが重要だね。

古材が再び建築材料として使われている

古い家を解体すると立派な柱やはりが出てきます。通常は粉ごなにされて、紙にリサイクルされたり、工場の燃料になったりします。しかし、80年以上前の建物の場合、柱やはり、とびら、電球のかさ、ふすま、ふすまの引き手などは、専門業者に売ることができます。倉庫できれいに保管され、再び建物の材料になる日を待ちます。

古材をあつかう専門業者

提供：株式会社山翠舎

*1いくつかの木を接着剤でつなぎ合わせた木材。　*2綿のような石のため石綿ともいう。かつては建物の断熱材に使われたが、人が吸いこむと肺がんの原因になることがわかり、特別に管理が必要なごみに指定された。　*3国土交通省の資料より。

海のプラスチックごみが魚よりも多くなる日がくる？

わたしたちが日常的にプラスチックを使い始めて、まだ60年あまりですが、海には、1億5000万トン以上[*1]ものプラスチックごみがただよっていると考えられています。プラスチックは、くさらなくて便利な一方で、自然に分解されないという短所があります。このままでは、2050年には海にただようプラスチックが、魚よりも多くなるといわれています。

なぜ海にプラスチックごみが集まってしまうのだろう？

ペットボトルやタバコの吸いがらなどのプラスチックごみのポイ捨てをすると、雨や風によって川へ流され、最後は海を漂流します。川から海へ流れこむプラスチックごみは世界全体で毎年800万トン[*2]（飛行機5万機分の重さ）という推定もあります。昔はものの素材に綿や紙などの、生物由来のものを使っていたので問題になりませんでした。プラスチックごみは、人の手が届かない海へ放出されるとだれにも処理できなくなります。

風で飛びやすいレジ袋

風でふき飛ばされそうな、ごみ箱からあふれたごみ

飲み終わったペットボトルのポイ捨て

プラスチック製で自然で分解しにくいタバコの吸いがら

なるほど　海洋ごみというと自分に関係のない遠い場所のことのように感じるけれど、わたしたちのなにげない日常生活が、海洋プラスチックごみにつながっていることがあるんだね。

川から海へ、プラごみの流れる速度は時速3km？

京都府亀岡市で行った実験では、川にGPS[*3]つき発信機を流すと、1日で80kmもはなれた海に流れ着きました。亀岡市は海には面していませんが、海のごみ問題を人ごとにせず、レジ袋禁止の条例をつくるなど、プラスチックごみを減らす取り組みをしています。まずは使い捨てのプラスチックの使用をやめて、水筒や紙製のものを使ってみませんか。

川に集まったごみはすぐ海へたどり着く

[*1]McKinsey & Company and Ocean Conservancy (2015) によるデータ。　[*2]Jambeckら (2015) によるデータ。
[*3]グローバル・ポジショニング・システムのりゃく。アメリカ合衆国が運用する衛星測位システムにより現在位置を測定するためのシステムのこと。

プラスチックごみはめぐりめぐって、わたしたちの体へ?

多くのプラスチックは、光に当たるとパリパリと割れて細かくなります。これは、分解して自然にかえっているのではなく、小さなプラスチックになっただけです。ポイ捨てだけではなく、身のまわりにあふれたプラスチック製品を使うたびに、細かなプラスチックくずが出ているといわれています。小さなプラスチックは、「マイクロプラスチック」といいます。マイクロプラスチックは、魚や動物の体内からも、人間のうんちからも、海水からつくった食塩からも見つかっています。わたしたちがいつのまにかマイクロプラスチックを食べてしまっても、健康に悪影響があるかどうかはまだわかっていませんが、プラスチックは有害物質とくっつく性質があるために心配されています。

プラスチックは細かくくだけても
半永久的になくならない

海洋プラスチックごみを減らす取り組み

わたしたちの暮らしからプラスチックをすべてなくすことは急にはできませんが、一度しか使わないものであれば、紙などの自然で分解できる素材を使ったり、自分で何度も洗って使える素材に置きかえたりすることで、プラスチックの消費を減らせます。ストローはもともと麦のくきを使っていました。土に埋めて分解できる生分解性プラスチックもあります。水筒を使えばカップやペットボトルが不要になり、マイバッグを使えばレジ袋が不要になります。

包装なしで売られている文房具

麦のくきでつくったストロー

考えよう

Q 海洋プラスチックごみを減らすために、身近なことでなにができるのだろう?

プラスチックごみの回収にチャレンジする

オランダのボイヤン・スラットさんは、海にもぐったときに見たごみが忘れられなくなり、海からごみを回収する活動を始めました。当時18歳のチャレンジに、世界中から約44億円の寄付が集まり、前代未聞のプロジェクトとして期待され、今も活動を続けています。

ごみを回収する船と、
ボイヤン・スラットさん

川から回収するプラスチックごみ
提供:The Ocean Cleanup

災害ごみの量はけたちがい

地震や台風、川のはんらんなどの災害が起こると、家や大切なものがどろだらけになってしまいます。畳や家具、電化製品もぬれると使えなくなります。災害で出るごみを災害廃棄物といいます。災害廃棄物は地域でふだん出るごみの数百倍の量で、それがたった1日で出ます。暮らしを早くもとにもどすため、効率的に処理する必要があります。

川のてい防がこわれて家や畑が流されてしまった

災害が起きると大量のごみが出てしまう

台風での川のはんらんや土砂くずれ、地震による津波で、家や車がどろ水につかります。布団、畳は、どろだらけになると使えなくなります。車や電化製品は、水につかるとこわれてしまいます。家具などは、すぐにきれいな水でどろをふき取らなければ、カビが生えて使えなくなります。また、家の中に入ってきたどろは、手作業でかき出し、かべや柱を消毒する必要があります。このように現代の暮らしでは、災害時に大量にごみが出ます。

家屋、ビルなどの建物

布団や畳など

自動車などの乗りもの

くずれた地面

割れた道路

Q 昔と今で、災害によるごみにはどんなちがいがあるのだろう？

阪神・淡路大震災の廃棄物処理からわかったこと

1995年に阪神・淡路大震災が起きました。この震災では全国からボランティアが集まって、災害廃棄物の除去を行いました。ところが、当時は災害廃棄物の分別回収が行われておらず、混合されたごみの処理に困りました。この震災を機に、災害ボランティアや災害ごみの分別回収が始まりました。

多くの力が必要になる災害ごみ対応

災害ごみの処理には連けいが大切

ひとつの災害で、その町の数年分のごみが出ることもあり、クリーンセンターでは処理しきれません。そこで、災害が起こると、まずは災害廃棄物の量や種類を予測します。その結果をもとに、木くずや金属くずなどの種類ごとに仮置き場をつくります。グランドや空き地が使われます。集められたごみは、できるだけリサイクルを行い、最後は焼却をします。

大量の廃棄物

多くの協力者による素早い対応がごみを減らす

分別して保管された金属のごみ

周辺自治体などとの連けい体制が大切

廃棄物の大部分がリサイクルされた東日本大震災

阪神・淡路大震災以降、各地の自治体では災害廃棄物の対策マニュアルの整備が行われました。その結果、東日本大震災では分別回収が進み、効率的に処理をすることができました。災害廃棄物の多くを焼却ではなく、リサイクルすることができました。でも、福島第一原子力発電所事故の汚染土は今でも残っています。

処理先ごとに廃棄物を分別し、保管する場所も事前に決められていた

なるほど

これまでの経験が生かされて、災害ごみを素早く処理する仕組みが整ってきているんだね。でも、そもそも災害で出るごみを減らす工夫ができないのか、わたしたちの暮らしをもう一度見つめ直してみることも大事だね。

災害ごみを減らすためにできること

昔、川のはんらんが多い地域では、食べものや大切なものを高い位置で保管し、小舟を屋根下に用意しておく工夫をしていました。自治体が出すハザードマップという地図には、大雨のときにどれくらいの高さまで水がくるのかが書いてあります。ハザードマップを確認して、家に置いているものの置き場を工夫することもできます。

ハザードマップの確認は重要

不法投棄ってなに？

道でのごみのポイ捨てや山にごみを捨てることを、不法投棄といいます。不法投棄をすると、きれいな風景が悪くなるだけではなく、ごみからよごれが流れ出し、土や川や地下水が汚染されることもあります。ひとつの谷が不法投棄のごみで埋まるという大規模なものもあり、社会問題になっています。そのため、不法投棄を防ぐ工夫が行われています。

ポイ捨ても不法投棄

不法投棄のごみには、どんなものがあるのだろう

タバコや空きかんのポイ捨てや、バーベキューでごみを置いていくことも不法投棄です。駅のごみ箱やコンビニのごみ箱に家のごみを捨てることも、不法投棄になります。山に家電製品が捨てられているところを見かけます。ひとつごみが捨てられると、ここは捨ててもいい場所だという心理が働いて、次つぎに不法投棄が増えていきます。山に大規模に捨てられている不法投棄で多いものは、建設工事現場のごみです。

歩道に捨てられたかさ

放置された自動車

山林に捨てられた家電製品

道路のかげに捨てられた建築廃材

大規模な産業廃棄物の不法投棄

考えよう

Q なぜ、いろいろな場所で不法にごみが捨てられてしまうのだろう？

ごみ処理にはお金がかかる

建設現場から出るごみの処理代金は、トラック1台で6万円〜15万円ほどします。家庭のテレビや洗濯機などは、リサイクル費用が1台あたり3000円〜5000円ほどします。ごみ処理代金やリサイクル費用をはらいたくない人が、山に不法投棄をしています。

大きなごみや、処理がたいへんなごみは、処理費用も高くなる

不法投棄ごみはだれが処理するの？

不法投棄は投棄した本人が処理するべきですが、見つからない場合は、税金を使って国や自治体がごみの処理をします。さらに、不法投棄されたごみから有毒なものが出て土や地下水が汚染されている場合には、ごみだけではなく、土を取り除いたり、無害化処理をしたりする必要があり、より多くの税金を使うことになります。

この空きかん、だれが捨てるの？

花火のごみも、だれかが拾っているの？

自治体と協力して不法投棄を処理する廃棄物処理業者

不法投棄によって汚染された環境

不法投棄を減らすためにはどうすればいいの？

不法投棄が見つかった場合、罰金や懲役などの厳しい罰があります。ごみを出した人ではなく、ごみ処理業者が不法投棄する場合もあります。この場合、ごみ処理業者に責任がありますが、ごみ処理業者がつぶれてしまっている場合には、ごみを出した人に不法投棄ごみの片付けが求められます。

迷わくがかかる不法投棄

なるほど

不法投棄というと、わたしたちの知らないところで起きている話のようだけれど、いらないかさを放置したり、スーパーやコンビニの前にごみを捨てたりすることも立派な不法投棄だね。罰則で取りしまるだけではなく、ルールを守らないことに厳しい意識をみんなで持つことが重要だね。

みどり豊かな小さな島が……

瀬戸内海にある小さな島・豊島で、産業廃棄物の不法投棄が10年以上続きました。その結果、島の土は地下深くまで汚染されました。警察が摘発したときには、91万トンものごみがありました。700億円以上の税金を使って、処理が進められています。

豊島事件の現場。廃棄物は大きな穴をほって捨てられてきた

豊島事件の現場で廃棄物が撤去されたあと

放射性物質のごみはどこへいく？

放射性廃棄物は、病院の古くなったレントゲン機器や放射線治りょう、ジャガイモの発芽をおさえる機械、原子力発電所などから出ます。高濃度の放射性廃棄物は、地中深くに埋めることになっていますが、埋める場所は決まっていません。また、2011年に福島第一原子力発電所が起こした世界最悪レベルの事故では、放射能汚染した土などのごみが問題になっています。

放射性廃棄物が出る原子力発電所

原子力で発電するってどういうこと？

原子力発電の燃料は、ウランやプルトニウムです。原子炉の中でウランやプルトニウムの燃料棒を並べると高温の熱が出ます。この熱を利用して水蒸気をつくり、発電機を回して発電します。使い終わった燃料は、人体にとても有害な放射線を出し続けるため、容器に入れて、専用のプールで保管する必要があります。

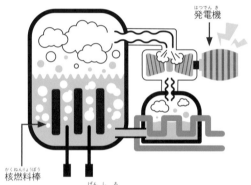

核燃料棒

原子炉の仕組み

使用済み核燃料は一時保管される

専用のプールに保管している間も、使い終わった核燃料から熱が出続けるため、プールはつねに電気を使って冷やしています。1960年代から原子力発電を始めていますが、今では1万6000トン（2019年9月現在）の使い終わった核燃料が全国の原子力発電所のプールにたまっていて、もうすぐでいっぱいになります。

核燃料を保管するプール

福島の土壌汚染

2011年3月の福島第一原子力発電所の事故で、放射性物質が空気中にまき散らされた結果、広いはんいで土が汚染されました。汚染された土は、今でも10万か所以上で仮保管されています。中間貯蔵施設をつくっていますが、まだ完成していません。

汚染された土

原子力発電所のごみ（使用済み核燃料）のゆくえ

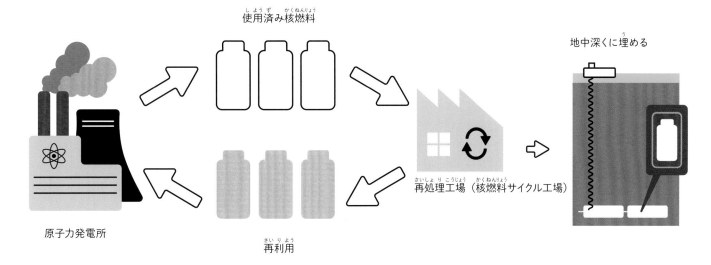

使用済み核燃料

地中深くに埋める

再処理工場（核燃料サイクル工場）

原子力発電所

再利用

リサイクルも地中処分もうまく進んでいない

原子力発電のごみ（使用済み核燃料）のリサイクルを核燃料サイクルといいます。使用済み核燃料は、核燃料サイクルをすることが決まっていますが、再処理工場（核燃料サイクル工場）などの施設建設は何度も延期されて完成していません。また、リサイクルしながら発電する「もんじゅ」という発電所は1兆円を使いましたが、完成しませんでした。もんじゅは稼働していませんが、維持管理のために、年間200億円前後の維持費がかかっています。リサイクルできなかった原子力発電のごみは、地中深くに埋めることになっていますが、埋める場所が決まっていません。

 原子力発電は少量の燃料で大量のエネルギーを得られるけれど、排出されるごみには大きな問題があるんだね。でも、原子力発電によるエネルギーにたよって生活しているのはわたしたちだということをよく考えないといけないね。

電気は選べる

これまでは、決められた電力会社からしか電気は買えませんでしたが、今は、電力会社を選べるようになり、いろいろな電力会社が生まれています。自然エネルギー100％の電力会社や、電気を安く売っている電力会社もあり、未来のことを考えて電気の購入先を選ぶことができます。

多様になる電気の購入先

宇宙でもごみ問題が起こっている

1926年から人間は宇宙に向けてロケットを発射し始めました。アメリカとソ連（今のロシア）は、競ってロケットや人工衛星の開発をしていました。地球のまわりの宇宙には、そのころからのロケットの破片や使用済みの人工衛星などがごみとなってたくさん高速で飛んでいます。人工衛星にごみが当たる事故も起きているため、回収するプロジェクトも始まっています。

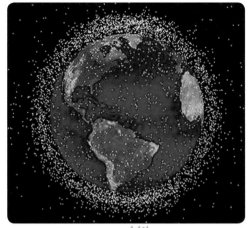

地球をかこむように宇宙にちらばるごみ
出典：NASA

人間は宇宙でどんなごみを残してきたのだろう

宇宙ごみは、10cm以上のものなら約2万個、それより小さいものはもっとあるといわれています（2010年）。ロケットの部品や人工衛星の破片なども数多くあります。宇宙飛行士が船外活動中に手放した工具などもあります。これらのごみは宇宙空間を回り続けています。地球に近いものは、数十年で地球に落ちますが、遠いものは数百年回り続けることになります。地球に落ちてきても、とちゅうで燃えてなくなります。

切りはなした直後の燃料タンク
出典：NASA

まもなく運用が終了する人工衛星
出典：NASA

宇宙飛行士が工具を落としてしまうこともある
出典：NASA

考えよう

Q 宇宙での人間の活動は、わたしたちの生活とどのような関係があるのだろう？

宇宙のごみはすさまじい速さで移動する

宇宙ごみは地球の引力に引っ張られ、秒速7km（時速2万5200km）で鉄ぽうの玉より速いスピードで飛んでいます。宇宙ごみがロケットや人工衛星に少しでも当たるとこわれてしまいます。宇宙ごみを回収するプロジェクトが始まっていますが、すごいスピードで動くものを回収するのは、とても危険でむずかしい作業です。

ダメージを受けた宇宙ステーション
出典：NASA

わたしたちの生活を支える宇宙からのデータ

わたしたちの生活には人工衛星からの情報が欠かせません。カーナビやスマートフォンに使われているGPSシステムは、地図上での自分の居場所の情報を人工衛星から得ています。天気予報も人工衛星からの雲や雨の情報をもとに予測しています。今後も宇宙空間を利用していくことを考えて、宇宙ごみについても対策をしていく必要があります。

気象観測への活用
出典：NASA

地理情報への活用

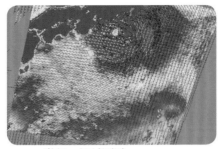

防災（台風情報）への活用
出典：NASA

テレビなどの衛星放送への活用

人工衛星の墓場軌道*がある

かつては宇宙空間での爆破実験などが行われて宇宙ごみがたくさん出ていましたが、宇宙ごみが問題になった今では、宇宙ごみを出さない工夫が始まっています。運用が終わった人工衛星は地球に向けて落としながら燃やしたり、人工衛星の軌道からはなれた、墓場軌道まで移動させたりする方法がとられています。

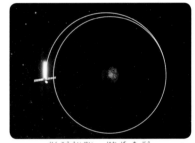

人工衛星の墓場軌道
出典：ESA

なるほど

宇宙からのデータはわたしたちの生活に不可欠なものだね。これからも安全に宇宙活動が行えるように、宇宙ごみへの対応が今まさに進められているんだね。

宇宙ごみを回収する

宇宙ごみを回収する実験が始まっています。まず、宇宙ごみを回収する人工衛星を打ち上げます。その人工衛星にあみをつけてつかまえる方法やアームでつかむ方法、接着剤にくっつけて回収する方法が検討されています。回収した宇宙ごみは地球に向かって落としながら燃やします。回収にはぼう大な費用が予想されています。

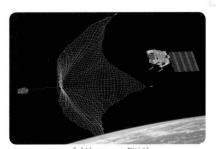

計画中の宇宙ごみの回収イメージ
出典：ESA

*役割を終えた人工衛星がほかの人工衛星と衝突しないようにはなれた位置に設定した安全な軌道のこと。

著者紹介

丸谷　一耕（まるたに　いっこう）

1979年京都府生まれ。NPO法人木野環境代表理事。高校生のときは有機農家をめざしていたが、進路相談をした大学教授に「農業こそが環境破壊」だといわれ、大学で環境問題を勉強することに。学術博士。

古木　二郎（ふるき　じろう）

1968年大阪府生まれ。株式会社三菱総合研究所に在職。様々な環境問題解決の役に立ちたいと思い、シンクタンクに就職しました。主に、容器包装や生ごみ、プラスチックの3Rに取組んでいます。学術修士。

滝沢　秀一（たきざわ　しゅういち）

1976年東京都生まれ。お笑いコンビマシンガンズを結成し、芸人を続けながらも2012年にごみ収集会社に転職。ごみ収集の体験や気づきを発信して話題に。著書に「このゴミは収集できません」（白夜書房）など多数。

山村　桃子（やまむら　ももこ）

1975年宮城県生まれ。エム・アール・アイリサーチアソシエイツ株式会社在職。環境問題と消費者の意識・行動に関する研究を行っている。小学生の息子とともに様々なエコ体験学習に参加し、楽しく学んで身につけるを実践中。経営学修士。

上田　祐未（うえだ　ゆみ）

1986年京都府生まれ。NPO法人木野環境所属。組成調査をきっかけにごみ減量に夢中になる。生ごみからつくる肥料の使い方をマスターしたいと思っている。博士（農学）。

特定非営利活動法人（NPO法人）木野環境

京都市左京区木野町で学生の環境サークルとして始まる。2001年にNPO法人化。
企業の環境コンサルティング、廃棄物業者のサポート、自治体や国の廃棄物施策立案の手伝いをする。持続可能な循環型社会の構築に向けた提案をすることが使命。
ごみに関する夏休みの自由研究をサポート中。質問などはぜひご連絡ください。

ごみはどこへいく？
ごみゼロ大事典
❷ 社会のごみ

図書館用堅牢製本

2020年12月15日　初版第1刷発行

著　者	丸谷一耕　古木二郎　滝沢秀一　山村桃子　上田祐未 特定非営利活動法人木野環境
編集・執筆協力	阿部浩志（ruderal inc.）
デザイン・執筆協力	向田智也
写真提供	ESA・NASA・（株）アースクリエイティブ・（株）青森クリーン・油藤商事（株）青山裕史 岩川貴志・（株）上村組・宇高史昭・ELFテック（株）・The Ocean Cleanup・奥堀孝 近畿環境保全（株）・河島みつる・川瀬産業（株）・岐阜大学　大藪千穂・京都市動物園 京都大学環境科学センター・喜楽鉱業（株）・近畿ガス工業（株） 国崎クリーンセンター啓発施設ゆめほたる・神戸市・堺市・（株）山翠舎 滋賀三菱自動車販売（株）・柴田宣史・新明和工業（株）・菅井益郎 （一財）石炭エネルギーセンター・（一社）全日本機密文書裁断協会・（株）増商・添田潤 （株）田村製作所・田村有香・筑波重工業（株）・天川村・（株）中嶋農園・中地重晴 （公社）日本アイソトープ協会・日本フライアッシュ協会・光アスコン（株）・ひとつのおさら （有）ひのでやエコライフ研究所・福島臨海鉄道（株）・ぶくぶく農園・北陽紙工（株） 丸浜舗道（株）・（株）ミダックはまな・（株）宮里・武藤歯科医院・猛禽類医学研究所 山田國廣・（株）ユニック・（有）ローズリー資源
協　力	寺嶋諒（撮影）・土井美奈子・井上惇・佐木子（ジオラマ）・古本敦子・馬返順子
発行人	松本恒
発行所	株式会社少年写真新聞社 〒102-8232　東京都千代田区九段南4-7-16 市ヶ谷KTビルⅠ TEL 03-3264-2624　FAX 03-5276-7785 URL　https://www.schoolpress.co.jp
印刷所	大日本印刷株式会社
製本所	東京美術紙工

©Ikko Marutani, Jiro Furuki, Shuichi Takizawa,
Momoko Yamamura, Yumi Ueda 2020 Printed in Japan
ISBN 978-4-87981-718-1　C8036 NDC518

校　正	石井理抄子　古川妹
編集長	野本雅央

キーワードさくいん